Altea

Escrito por Odile Limousin
Ilustrado por Beat Brusch

La historia de la hoja de papel

¿Con qué se fabrica el papel?

La mayoría de las veces con madera. Si rasgas una hoja de papel, podrás observar unos hilos muy pequeños: son fibras de madera.

¿Qué puedes hacer con el papel?

Escribir, dibujar, divertirte doblándolo o recortándolo. El papel sirve también para fabricar libros, periódicos, carteles, postales, cuadernos y muchas cosas más.

¿Reconoces todos los objetos de papel o de cartón ilustrados en esta página?

¿Papeles? los hay de todo tipo y para todos los usos. Puede ser de buena calidad, **liso o rugoso** para los dibujos que pintas, **fino y ligero** para las cartas que escribes. Es **absorbente** como una esponja para los pañales de los bebés, y **suave** como terciopelo para los pañuelos desechables.

Es **filtrante** para que las hojitas de té suelten su sabor en el agua, **impermeable** en los envases que contienen el yogur, el jugo de fruta y todos los líquidos.

Es **inimitable** para que no se puedan falsificar los billetes, **resistente** para envolver y proteger los paquetes.

¡El cartón también es papel!
Se fabrica con varias hojas pegadas como se muestra en el dibujo.

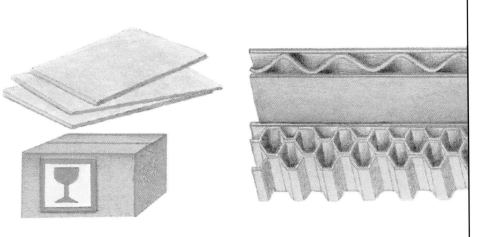

Permite transportar las cosas frágiles o pesadas. Es tan sólido que con él se pueden hacer mochilas, cajas, mesas o sillas.

¡Pero cuidado con el fuego! ¡Los papeles y los cartones se queman muy fácilmente!

No siempre existió el papel.

Los hombres de la Prehistoria pintaban sobre los muros de las grutas con tierras de diferentes colores. En la Antigüedad, se escribía en soportes que se podían conservar por mucho tiempo: huesos, cortezas de árbol, conchas o caparazones de tortuga, cerámica o muros y columnas de los templos.

En este taller de Roma, se grababan las inscripciones en piedra, letra por letra. Los romanos escribían también en unas tablillas cubiertas de cera. Era un trabajo lento y cuidadoso.

Los arqueólogos han encontrado vasijas, estatuas y tablillas adornadas con textos.

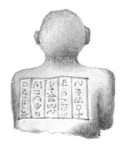

La invención del pergamino permitió la fabricación de los primeros libros.

En Asia Menor, los habitantes de la ciudad de Pérgamo elaboraron una técnica para secar las pieles de becerros, ovejas, cabras o gacelas.

Las pieles se depilaban, se raspaban, se tendían, se secaban, y al final se alisaban con piedra pómez. Las membranas obtenidas eran finas, lisas y flexibles, pero lo suficientemente resistentes como para poder escribir por ambos lados.

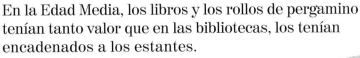

En la Edad Media, los libros y los rollos de pergamino tenían tanto valor que en las bibliotecas, los tenían encadenados a los estantes.

Así era Egipto, 1800 años antes de Jesucristo. Con un pincel en la mano, el escriba dibujaba jeroglíficos en **un largo rollo,** que estaba hecho con una planta llamada **papiro.** El papiro es una especie de caña que crece a orillas del Nilo. Se descorteza su tallo y luego se rebana en finas láminas. Éstas se superponen y se martillan para aplastarlas y formar una hoja que se deja secar prensada bajo algo pesado.

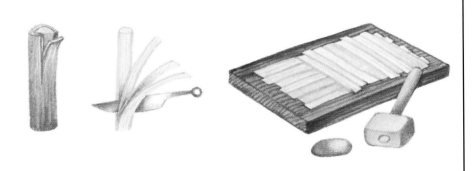

El rollo del escriba se obtiene pegando las hojas una a continuación de la otra.

La palabra *papel* proviene de *papiro.*

¿Sabías que los más antiguos fabricantes de papel son las avispas?

Todo su nido está hecho de cartón. Arrancan unas fibras de bambú y las ablandan con su saliva para fabricar una pasta que al secarse forma unas celdillas muy rígidas. Se cuenta que un chino llamado Tsai-Lun inventó el papel observando a las avispas. Al moler unas tiras de bambú y de morera, obtuvo una pasta líquida. La filtró y la dejó secar. **Así nació la primera hoja de papel.** Esto ocurrió en China, en el año 105 después de Jesucristo.

La pasta se cuela en un tamiz y luego se deja secar al sol.

Las fibras entrelazadas han formado una hoja de papel.

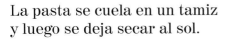

El papel se expande por el mundo.

Durante setecientos años, los chinos guardaron su secreto. Pero en el año 751, durante una guerra, los árabes capturaron a unos papeleros chinos que les transmitieron su oficio. Los árabes mejoraron la fabricación del papel usando trapos de cáñamo, de algodón y de lino. Los califas, reyes del imperio árabe, no tardaron en poseer las bibliotecas más grandes del mundo. También usaban el papel

para escribir mensajes urgentes que eran llevados por palomas mensajeras.

En la Edad Media, los cruzados descubrieron a su vez este maravilloso papel y lo llevaron a Europa a bordo de sus barcos.
Saliendo de Marsella o de Venecia, mercaderes franceses e italianos hicieron largos viajes para comprarles papel a los árabes, pero no tardaron en darse cuenta de que resultaba más práctico y más barato fabricar su propio papel. Entonces apareció un nuevo oficio, el del trapero, quien iba de pueblo en pueblo comprando viejas telas para revenderlas a precio de oro al molino de papel, la fábrica de papel de aquel entonces.

¡Viejas camisas y pasta de papel!

En el molino se seleccionaban los trapos. Sólo se conservaban los de color blanco. Se les quitaban las costuras. Después de humedecerlos, se dejaban pudrir en un sótano. Luego se cortaban en tiras delgadas y se ponían en una tina llena de agua. Durante varias horas unos grandes mazos machacaban los trapos en pedazos muy pequeños que se iban mezclando con el agua. Entonces se formaba una pasta de papel muy líquida. Añadiéndole un poco de pegamento o de resina, se obtenía una pasta de mejor calidad.

La corriente del río hacía girar la rueda del molino. Al girar, la rueda levantaba los grandes mazos que machacaban los trapos.

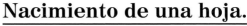

Nacimiento de una hoja.

El obrero sumerge su molde
en una tina. Luego lo saca,
agitándolo para que la
pasta se distribuya
de manera uniforme.
Una vez escurrida, la
hoja todavía húmeda y
frágil se coloca entre
dos capas de fieltro.
Las capas de fieltro y de papel
se prensan entre dos placas. De este modo se
expulsa toda el agua que queda en el papel.
Las hojas acaban de secarse colgadas en
unos secaderos.
¿Sabías que todavía se siguen fabricando de
esta manera algunos papeles de calidad?

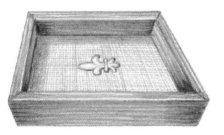

El molde es un tamiz con una rejilla de
mallas muy finas. Sobre ésta, un hilito de
metal representa un dibujo: la filigrana.

La filigrana es la firma de los papeleros.
Se ve por transparencia porque, en ese
lugar, el papel es más delgado.

En la Edad Media, los libros eran escasos y bastante caros; todos eran escritos e ilustrados a mano por unos monjes. 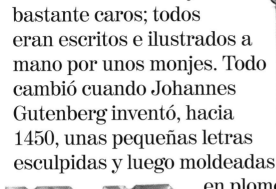 Todo cambió cuando Johannes Gutenberg inventó, hacia 1450, unas pequeñas letras esculpidas y luego moldeadas en plomo, así como una máquina para imprimir.

Así se pudieron imprimir en poco tiempo varios ejemplares de un libro. Los lectores aumentaron y los papeleros ya no conseguían suficientes trapos para producir tantos libros. En el siglo XVIII, el científico francés Réaumur observó de nuevo a la avispa papelera y se le ocurrió reemplazar la pasta de trapos por pulpa de madera, la cual se sigue utilizando en la actualidad.

En una imprenta antigua, el impresor coloca las letras para formar el texto, luego entinta la placa de texto con unas almohadillas y la prensa contra una hoja de papel tantas veces como ejemplares desea obtener.

Hoy en día la industria fabrica millones de toneladas de papel. Se tienen que talar millones de árboles, que se transportan en camiones o flotando por los ríos hasta las fábricas de pasta de papel.

23

¿Cómo limitar la deforestación?

Se reemplazan los árboles talados con retoños sembrados en viveros. Pero hay que esperar mucho tiempo para que los pequeños árboles se vuelvan grandes: el haya tarda 60 años en convertirse en un árbol adulto; en cambio, el pino sólo tarda 20 años. Por ello las coníferas se usan con mayor frecuencia que los árboles de hoja caduca, como el abedul o el haya.

Semilleros en un vivero.

pino   abeto   **24**   abedul   álamo

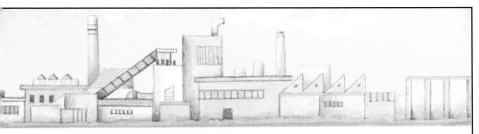

¿No se podría fabricar papel sin destruir tantos árboles?

Los científicos investigan nuevos métodos de fabricación con plantas que crecen muy rápido, como el cáñamo o el esparto. Los papeleros también usan viejos papeles recuperados: periódicos, directorios telefónicos...

Viejos papeles destinados al reciclaje.

Una vez reciclada, una tonelada de viejos papeles salva la vida de ocho árboles.

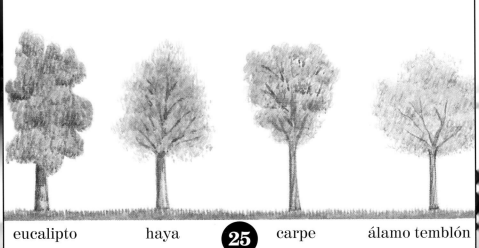

eucalipto   haya   **25**   carpe   álamo temblón

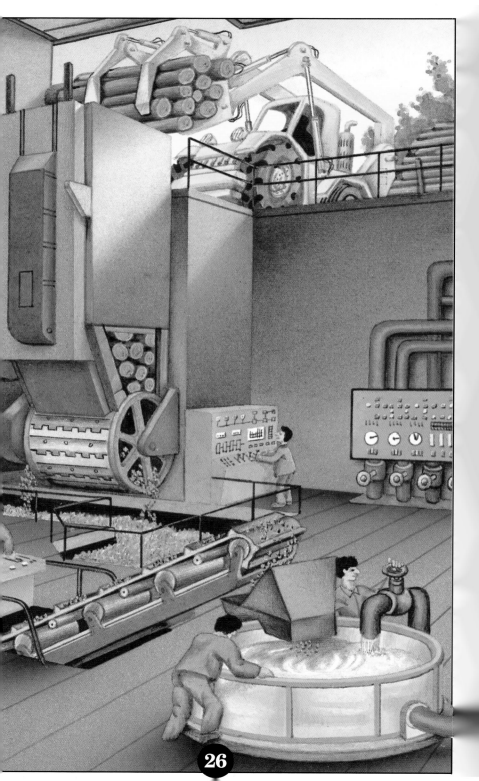

Observa el papel periódico: es de color gris amarillento. Si escribes en él, la tinta se expande como una mancha en un papel secante. Se fabricó con **pulpa mecánica:** se descortezan los troncos, luego se liman y se trituran en minúsculas astillas que se ablandan en agua.

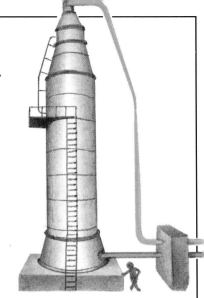

Caldera a presión para la pulpa química.

Las páginas de un cuaderno son lisas y blancas, y en ellas se desliza tu bolígrafo: el papel se fabricó con una **pulpa química.** La madera triturada en virutas se cuece a muy alta temperatura en una gran caldera a presión.

Fabricación de pulpa mecánica.

En la fábrica.

Las máquinas hacen el mismo trabajo que los viejos molinos, pero en lugar de fabricar las hojas una por una, producen 800 metros de papel por minuto. Las operaciones son dirigidas y controladas por una computadora. La pulpa fluye en la mesa de fabricación, que es una gran cinta transportadora (1). Por debajo, unos pequeños rodillos aspiran el agua. La pulpa se convierte en una hoja que avanza sobre el fieltro (2).

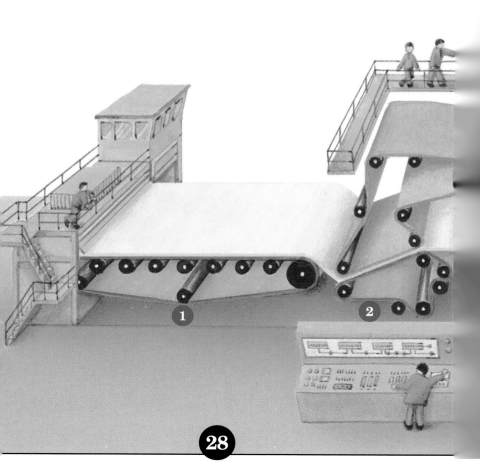

La hoja se adelgaza entre los rodillos de la prensa (3). Se seca entre unos cilindros calientes (4). Se alisa para emparejar su espesor (5). Luego la inmensa hoja se enrosca en grandes rollos (6). Puede medir hasta 13 kilómetros de largo. ¿Sabes que se necesitó un leño entero para fabricar el papel que sirvió para hacer este libro?

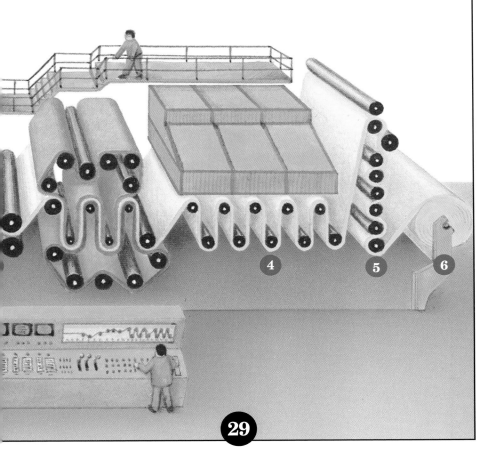

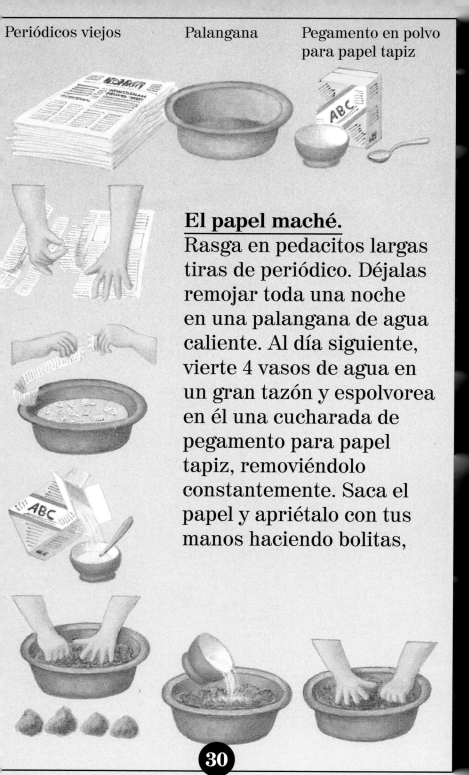

Periódicos viejos   Palangana   Pegamento en polvo para papel tapiz

El papel maché.

Rasga en pedacitos largas tiras de periódico. Déjalas remojar toda una noche en una palangana de agua caliente. Al día siguiente, vierte 4 vasos de agua en un gran tazón y espolvorea en él una cucharada de pegamento para papel tapiz, removiéndolo constantemente. Saca el papel y apriétalo con tus manos haciendo bolitas,

Moldes huecos o tapas de cajitas

luego mézclalas con el pegamento para obtener una pasta lisa. Con un algodón mojado en aceite, unta el fondo de unos pequeños moldes bonitos. Llénalos con la pasta. Aprieta y alisa la pasta con el dorso de una cuchara. Deja secar los moldes al sol, o cerca de una fuente de calor. Saca las figuras de su molde y píntalas a tu antojo. Y al final, barnízalas.

Sonetos corporales (IV)

Un papel desvelado en su blancura.
La hoja blanca de un álamo intachable.
El revés de un jazmín insobornable.
Una azucena virgen de escritura.

El albo viso de una córnea pura.
La piel del agua impúber e impecable.
El dorso de una estrella invulnerable
Sobre lo opuesto a una paloma oscura.

Lo blanco a lo más blanco desafía.
Se asesinan de cal los carmesíes
Y el pelo rubio de la luz es cano.

Nada se atreve a desdecir el día.
Mas todo se mancha de alhelíes
Por la movida nieve de una mano.

Rafael Alberti (España, 1902-1999)